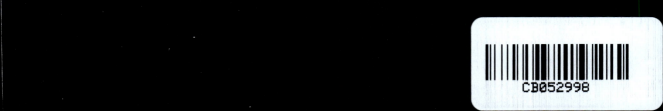

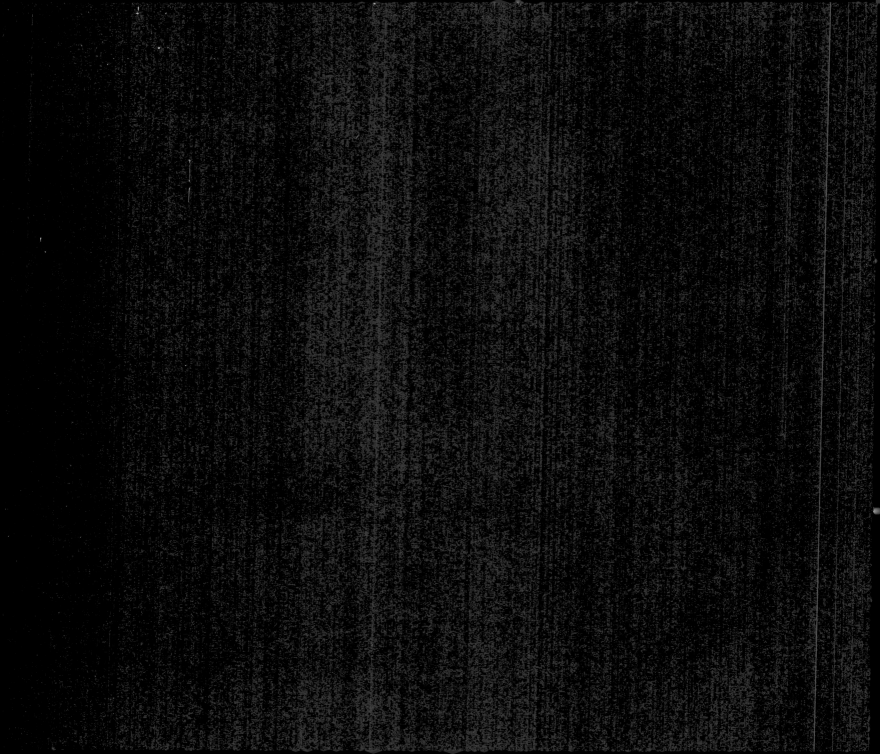

imagem & texto

Machado de Assis

Fotógrafo do invisível
O escritor, sua vida e sua época em crônicas e imagens

Hélio Guimarães
Vladimir Sacchetta

Prêmio Altamente Recomendável para
o Jovem – Informativo – FNLIJ 2009

São Paulo, 2008
1ª edição

© Hélio Guimarães, Vladimir Sacchetta 2008

COORDENAÇÃO EDITORIAL	Maristela Petrili de Almeida Leite
COORDENAÇÃO DE PRODUÇÃO GRÁFICA	Ricardo Postacchini, Dalva Fumiko
EDIÇÃO DE TEXTO	Erika Alonso
COORDENAÇÃO DE REVISÃO	Elaine Cristina del Nero
REVISÃO	Fernanda Almeida Umile
EDIÇÃO DE ARTE/PROJETO GRÁFICO/CAPA	Ricardo Postacchini
DIAGRAMAÇÃO	Camila Fiorenza Crispino
COORDENAÇÃO DE PESQUISA ICONOGRÁFICA	Ana Lucia Soares
COORDENAÇÃO DE BUREAU	Américo Jesus
TRATAMENTO DE IMAGENS	Evaldo de Almeida
PRÉ-IMPRESSÃO	Helio P. de Souza Filho, Marcio H. Kamoto, Everton L. Oliveira, Vilney Stacciarini
COORDENAÇÃO DE PRODUÇÃO INDUSTRIAL	Wilson Aparecido Troque
IMPRESSÃO E ACABAMENTO	Forma Certa Gráfica Digital
LOTE	779517
COD	12061180

IDENTIFICAÇÕES DAS FONTES ICONOGRÁFICAS:
ABL – Academia Brasileira de Letras
AGCRJ – Arquivo Geral da Cidade do Rio de Janeiro
AN – Arquivo Nacional
CHG – Col. Hélio Guimarães
D/AE – Divulgação/Agência Estado
FBN – Fundação Biblioteca Nacional
FCRB – Fundação Casa de Rui Barbosa
FNA – Col. Família Nabuco
ICO – Acervo Iconographia
IHGB – Instituto Histórico e Geográfico Brasileiro
MIN – Biblioteca Guita e José Mindlin

Dados Internacionais de Catalogação na Publicação (CIP)
(Câmara Brasileira do Livro, SP, Brasil)

Guimarães, Hélio
 Machado de Assis, fotógrafo do invisível :
o escritor, sua vida e sua época em crônicas e
imagens / Hélio Guimarães, Vladimir Sacchetta. —
1. ed. — São Paulo : Moderna, 2008. —
(Série imagem & texto)

ISBN 978-85-16-06118-0

 1. Assis, Machado de, 1839-1908 2. Escritores –
Brasil – Biografia 3. Literatura brasileira
I. Sacchetta, Vladimir. II. Título. III. Título:
O escritor, sua vida e sua época em crônicas e
imagens. IV. Série.

08-07257 CDD-928.699

Índices para catálogo sistemático:
1. Escritores brasileiros : Biografia   928.699

Reprodução proibida. Art.184 do Código Penal e Lei 9.610 de 19 de fevereiro de 1998.

Todos os direitos reservados
EDITORA MODERNA LTDA.
Rua Padre Adelino, 758 - Belenzinho
São Paulo - SP - Brasil - CEP 03303-904
Vendas e Atendimento: Tel. (0__11) 2790-1300
Fax (0__11) 2790-1501
www.modernaliteratura.com.br
2023
Impresso no Brasil

"O olho do homem serve de fotografia ao invisível, como o ouvido serve de eco ao silêncio."

Esaú e Jacó, Machado de Assis.

Sumário

 *Apresentação, 7*

 *No centro da vida cultural, 19*

 *Traços biográficos, 9*

 *Correspondência: amizades e afetos, 33*

 *Uma figura respeitável, 13*

 *Nas páginas de jornais e revistas, 39*

 *Poeta e homem de teatro, 49*

 *Cronista e ficcionista do Rio, 65*

 *O crítico, 55*

 *O bonde e a modernização, 79*

 *Criador de personagens, 61*

 Um ícone, 89

Praça da Constituição, Rio de Janeiro, c. 1845. Litografia de Ludwig & Briggs.

Apresentação

Machado de Assis já foi chamado de "romancista do Segundo Reinado". E com razão. O escritor nasceu em 1839, um ano antes de o jovem imperador Pedro II ser alçado ao trono. D. Pedro só deixaria o poder em 1889, com a proclamação da República. Foi durante esse período que Machado produziu a maior parte de sua obra. Também nos seus escritos, raras vezes o tempo ficcional ultrapassa os limites temporais desse período relativamente próspero e tranquilo no Brasil, com costumes e instituições construídas em torno da figura de d. Pedro II.

Prosperidade e tranquilidade superficiais, é preciso frisar, já que assentadas sobre profundas turbulências e desigualdades. O Brasil em que nasceu Machado de Assis vinha de um período de muitos e graves conflitos. Vale lembrar que a nação recém-independente quase se dissolvera com as revoltas ocorridas durante o período da Regência nas províncias de norte a sul do país. E a sociedade em que o escritor cresceu, viveu e produziu estava baseada na escravidão, com toda a violência e degradação decorrentes da longa sobrevivência dessa abominável instituição no Brasil.

Além do registro mais ou menos direto dos costumes e instituições do Segundo Reinado, muito presentes em sua obra, Machado foi também capaz de perceber realidades menos aparentes. O escritor soube captar, com precisão e sutileza, questões que, para a maioria dos seus contemporâneos, talvez estivessem invisíveis. Foi uma espécie de fotógrafo do invisível, para lembrar a bela imagem que ele mesmo criou em um dos seus últimos romances, Esaú e Jacó.

As contradições entre a tranquilidade aparente e as crueldades vigentes no Brasil do seu tempo aparecem nas entrelinhas do texto, nas reticências, no silêncio eloquente e denunciador de muitas de suas personagens.

Para isso, contou com seu enorme talento, que exerceu ao longo de mais de 50 anos de carreira como poeta, homem de teatro, crítico, contista e romancista. E também como cronista, atividade que o obrigava a acompanhar de perto os movimentos do país e do mundo e à qual se dedicou durante boa parte da vida.

É principalmente por meio de trechos de suas crônicas, publicadas nos mais variados jornais, que este livro recompõe alguns aspectos da trajetória singular de Machado de Assis. É pelas palavras do próprio escritor que somos conduzidos neste livro pelo Rio de Janeiro de seu tempo, apresentados aos seus amigos e contemporâneos, familiarizados com sua rotina de trabalho, transformados em testemunhas das grandes mudanças pelas quais passavam o Brasil e o mundo.

Uma dessas grandes mudanças veio justamente com a invenção das primeiras técnicas fotográficas, que permitiriam a reprodução das imagens em série. O escritor e a fotografia nasceram quase que ao mesmo tempo. Machado, em 21 de junho de 1839, isto é, dois meses antes de Louis Jacques Mande Daguerre anunciar para o mundo sua grande invenção — o daguerreótipo —, uma das primeiras técnicas de registro fotográfico de imagens.

Este passeio pelo mundo de Machado de Assis através de suas crônicas encontra complemento perfeito nas fotografias. Elas são, em si, registros de novos modos de olhar e representar a realidade, que surgem naquele momento.

Traços biográficos

Machado de Assis, c. 1864.

Nascido no Rio de Janeiro, em 21 de junho de 1839, Joaquim Maria Machado de Assis era filho de Francisco José de Assis, brasileiro, e de Maria Leopoldina Machado de Assis, açoriana. Pai e mãe viviam como agregados na Quinta do Livramento, situada no morro de mesmo nome e que à época pertencia à viúva de um senador do Império.

Pouco se sabe da infância de Machado de Assis. É certo que logo cedo perdeu uma irmã e a mãe e que foi criado pela madrasta, Maria Inês. Podia muito bem figurar entre a esmagadora maioria de não-leitores que compunham a população brasileira à época em que ele produzia sua obra literária. Mas, contrariando as estatísticas e a realidade, Machado aprendeu a ler e a escrever, não só em português, mas também em francês.

Aos 15 anos, teve seu primeiro poema publicado em jornal, um soneto. A partir daí, não parou mais. Logo, começou a colaborar na imprensa, escreveu peças de teatro e crítica teatral, tornou-se funcionário público, publicou quatro livros de poesias, seis livros de contos, nove romances e várias centenas de crônicas.

No início da carreira, o reconhecimento veio principalmente por sua atividade como poeta, crítico e homem de teatro. Só depois de completar 30 anos é que começou a ser conhecido e reconhecido como contista e romancista. Alguns de seus livros, como *Memórias póstumas de Brás Cubas*, *Papéis avulsos*, *Várias histórias* e *Dom Casmurro*, mudariam para sempre a história da literatura produzida no Brasil.

Não raro, e com muita razão, a crítica o coloca ao lado de Dostoiévski, Henry James, Tchekhov e Pirandello. Isto é, entre os grandes mestres e renovadores da literatura moderna. O prestígio que teve em vida permitiu-lhe fundar a Academia Brasileira de Letras, que presidiu até morrer.

Machado de Assis foi casado com Carolina Xavier de Novais, de 1869 até a morte dela, em 1904. Quatro anos depois, às 3h20 da madrugada de 29 de setembro de 1908, era o escritor quem morria na mesma casa do Cosme Velho. Não deixou filhos.

Legou-nos, no entanto, uma obra monumental, amplamente reconhecida como a mais importante produzida no Brasil do século XIX.

Machado de Assis. *O Álbum*, janeiro de 1893.

Uma figura respeitável

Sob a aparente monotonia dos retratos fotográficos de Machado de Assis, produzidos entre a década de 1860 e a de 1900, nota-se a composição de uma figura cada vez mais sóbria e respeitável. Nesses retratos, o escritor parece ter aplicado para si a mesma regra que utilizou ao vestir suas personagens masculinas. Para os homens de Machado, a vestimenta cumpria sobretudo "um papel civil, definidor de *status* e instaurador de uma identidade fictícia, mas pacificadora", como escreveu uma estudiosa.[1]

Sob o vestuário discreto, pacificador, que diz muito sobre o lugar do escritor no mundo, há a expressão e as feições de Machado. Há quem veja, na sucessão das imagens, um processo de "branqueamento", revelador do preconceito disseminado numa sociedade em que a cor negra estava diretamente ligada à escravidão.

É verdade que houve casos de negros e mulatos ilustres e bem-sucedidos no Segundo Reinado. Machado de Assis talvez seja o caso mais exemplar dessa possibilidade, e uma das exceções a confirmar a regra, junto com André Rebouças, José do Patrocínio e Paula Brito. Mas o fato é que no Brasil do século XIX os escravos tinham origem africana e eram obrigatoriamente negros. Não houve escravos brancos, a não ser na imaginação de Bernardo Guimarães, criador de *A escrava Isaura*. E se nem todos os negros e pardos eram escravos, quanto mais escura a cor da pele mais inevitável a associação à condição degradante do escravo.

---

[1] MELLO E SOUZA, Gilda de. "Macedo, Alencar, Machado e as roupas." Em *A ideia e o figurado*. São Paulo: Duas Cidades; Editora 34, 2005, pp. 73-89.

Anúncio publicado em *Kosmos*, novembro de 1904.

Cenas fotográficas. *A comédia social*, 1871.

Por isso, nas fotografias do período, era comum preparar o fotografado com a aplicação de pós e cremes branqueadores, além da construção de cenários e fundos que remetessem a uma realidade distante, de preferência europeia. Os retratos, depois de revelados, ainda passavam por uma "pós-produção", submetidos a retoques com lápis e tinta. Algo parecido com o que se faz hoje por meio dos programas de computador. Tudo isso ajudava a acentuar a distinção e a importância do fotografado.

Para a construção da imagem distinta de Machado, contribuíram alguns dos mais prestigiosos fotógrafos da época: José Ferreira Guimarães, Insley Pacheco, Marc Ferrez e Luiz Musso. Alguns deles foram também fotógrafos da família imperial e de figurões do Império, o que indica a posição proeminente do escritor na vida social e cultural do período.

É notável a sobriedade do conjunto. Contrastando com a sofisticação e a complexidade do vestuário feminino, a moda masculina no século XIX é marcada pelo despojamento, pela seriedade e até por uma certa rigidez. Nesse sentido, Machado parece ter seguido à risca a moda de seu tempo, ainda que dispensasse os chapéus, as bengalas, as correntes e os charutos, também em voga. No caso do sóbrio escritor, as distinções precisam ser buscadas nos elementos do vestuário: nos casacos, nos coletes, nas golas e nas gravatas com seus nós e alfinetes.

Machado também dispensou nos seus retratos os jardins suspensos, as paisagens europeias, as colunas, as balaustradas, as pontes rústicas, as palmeiras e as cacatuas — panos de fundo e acessórios tão comuns e tão ao gosto do público oitocentista.

Nos retratos de Machado de Assis, os cenários exóticos e os adereços mirabolantes primam pela ausência, ajudando a compor a imagem sempre muito discreta, quase ascética, do escritor. Também nas fotografias, ele exige uma leitura pelas entrelinhas: no gesto comedido, no olhar oblíquo, nos mínimos relevos e nas depressões do casaco de veludo cotelê.

Machado de Assis, c. 1896.

Machado de Assis, c. 1900. Fotografia de Insley Pacheco e verso do *carte de visite*.

"Fui ver duas coisas novas em casa do Pacheco. A casa do Pacheco é o mais luxuoso templo de Delos da nossa capital. Visitá-la de semana em semana é gozar por dois motivos: admira-se a perfeição crescente dos trabalhos fotográficos e de miniatura, e vêem-se reunidos, no mesmo salão ou no mesmo álbum, os rostos mais belos do Rio de Janeiro – falo dos rostos femininos.

Não me ocuparei com esta segunda parte nem tomarei o papel indiscreto e difícil de Páris, trazendo para aqui o resultado das minhas comparações.

Quanto à primeira parte, – é a casa do Pacheco a primeira do gênero que existe na capital, onde há cerca de trinta oficinas fotográficas.

Há vinte e quatro anos, em janeiro de 1840, chegou ao nosso porto uma corveta francesa, *L'Orientale*, trazendo a bordo um padre de nome Combes.

Este padre trazia consigo uma máquina fotográfica. Era a primeira que aparecia na nossa terra. O padre foi à hospedaria Pharoux, e dali, na manhã do dia 16 de janeiro, reproduziu três vistas – o largo do Paço, a praça do mercado e o mosteiro de S. Bento.

Três dias depois, tendo Sua Majestade aceitado o convite de assistir às experiências do milagroso aparelho, o padre Combes, acompanhado do comandante da corveta, foi a S. Cristóvão, e ali se fez nova experiência; em 9 minutos foi reproduzida a fachada do paço, tomada de uma das janelas do torreão.

É isto o que referem as gazetas do tempo.

Desde então para cá, isto é, no espaço de vinte quatro anos, a máquina do padre Combes produziu as trinta casas que hoje se contam na capital, destinadas a reproduzir as feições de todos quantos quiserem passar à posteridade... num bilhete de visitas."

Diário do Rio de Janeiro, 7 de agosto de 1864

Anúncio da Livraria Garnier. *O Mequetrefe*, 1876.

No centro da vida cultural

Apesar da reputação de homem tímido, reservado e introvertido, Machado de Assis viveu intensamente a vida cultural de seu tempo. Na longa carreira de funcionário público e escritor, relacionou-se com as figuras mais importantes do Segundo Reinado, comandado pelo imperador d. Pedro II. Desde muito cedo, frequentou as principais rodas literárias do Rio de Janeiro.

Aos 16 anos já fazia parte do grupo de Francisco Paula Brito. Foi esse editor, mulato como Machado de Assis, quem publicou em 1855 seus primeiros poemas, "A palmeira" e "Ela", ambos na *Marmota Fluminense*. Em torno do editor e do seu jornal de notícias, variedades e literatura, formou-se a Sociedade Petalógica. "Queríeis saber do último acontecimento parlamentar? Era ir à Petalógica. Da nova ópera italiana? Do novo livro publicado? Do último baile de E...? Da última peça de Macedo ou Alencar? Do estado da praça? Dos boatos de qualquer espécie? Não se precisava ir mais longe, era ir à Petalógica."[2]

---

[2] Trecho de crônica publicada em 3 de janeiro de 1865 no *Diário do Rio de Janeiro*.

Foi com essas palavras que Machado se lembrou, saudoso, do grupo reunido em torno do seu amigo e protetor Paula Brito. Na década de 1850, não havia questão literária e política que não fosse discutida na tipografia e loja de livros, que ficava no Largo do Rossio. Desse círculo participavam políticos, como Eusébio de Queirós e o Marquês de Paraná, e escritores já consagrados, como Gonçalves de Magalhães, Araújo Porto-Alegre e Gonçalves Dias.

A partir das relações travadas ali, Machado iniciou uma trajetória profissional que o aproximou do jornalista e romancista Manuel Antônio de Almeida, de Joaquim Manuel de Macedo e Bernardo Guimarães. Foi ali também que estreitou relações com Salvador de Mendonça, de quem seria amigo pela vida inteira, e com seu irmão, Lúcio de Mendonça, um dos idealizadores e fundadores da Academia Brasileira de Letras.

Décadas mais tarde, já consagrado, Machado seria o centro das atenções na Livraria Garnier. Desde a década de 1860, a livraria se tornava o principal ponto de encontro dos escritores e intelectuais do Rio de Janeiro. Garnier era o Paula Brito dos novos tempos, como Machado anotou em 1865: "Falar do Sr. Garnier, depois de Paula Brito, é aproximá-los por uma ideia comum: Paula Brito foi o primeiro editor digno desse nome que houve entre nós. Garnier ocupa hoje esse lugar, com as diferenças produzidas pelo tempo e pela vastidão das relações que possui fora do país".[3]

Todos os dias às três horas da tarde, terminado o expediente no Ministério da Viação, o escritor dirigia-se à célebre livraria, situada na não menos célebre rua do Ouvidor, coração da vida elegante e inteligente do país. Foi ali que se tornou amigo do maior romancista da geração anterior, José de Alencar, como lembra em crônica publicada por ocasião da morte de Baptiste Louis Garnier, que editou boa parte da obra de Machado *(leia a crônica nas páginas 25 e seguintes)*.

Respeitoso e reverente com os mais velhos, Machado também foi muito receptivo às

---

[3] Trecho de crônica publicada em 3 de janeiro de 1865 no *Diário do Rio de Janeiro*.

O editor B. Garnier, interior e fachada da Livraria Garnier na rua do Ouvidor, Rio de Janeiro.

Pedagogium, sede da Academia Brasileira de Letras entre 1897 e 1904.

novas gerações. Não só foi capaz de reconhecer de imediato o talento de Castro Alves, mas também protegeu jovens como Magalhães de Azeredo e o filho de Alencar, Mário. Este se tornou confidente e protegido de Machado nos anos finais de sua vida.

Dentre as muitas amizades ilustres que colecionou, destaca-se também a de Joaquim Nabuco, com quem manteve longa e calorosa correspondência.

A última e mais importante agremiação da qual Machado participou foi a Academia Brasileira de Letras, que ajudou a idealizar e fundar. Em 1897, tornou-se o primeiro presidente da Academia, posto que manteve até sua morte, em 1908.

Machado ocupou durante boa parte da vida o centro da vida intelectual brasileira. Um século depois, podemos dizer que Machado mantém esse lugar central. Sua obra continua a intrigar e desafiar leitores, suscitando novas interpretações e acalorados debates.

MARMOTA FLUMINENSE

JORNAL DE MODAS E VARIEDADES.

Publica-se, ás Terças e Sextas feiras, na EMPREZA TYP. — DOUS DE DEZEMBRO — de PAULA BRITO, IMPRESSOR DA CASA IMPERIAL, praça da Constituição n. 64, onde se recebem assignaturas a 4$000 réis por seis mezes, pagos *sempre* adiantados. Numeros avulsos, 80 réis.

Nas vistas desta MARMOTA
Hade ter sempre o leitor.
Com singeleza, e verdade,
Tudo o que houver de melhor.

"Eis a Marmota
Bem variada
Pra ser de todos
Bem estimada.

Fala a verdade
Diz o que sente,
Ama e respeita
A toda gente."

Epígrafe da *Marmota Fluminense*

Francisco de Paula Brito.

"Mais um! Este ano há de ser contado como um obituário ilustre, onde todos, o amigo e o cidadão podem ver inscritos mais de um nome caro ao coração e ao espírito.

Longa é a lista dos que no espaço desses doze meses, que estão a expirar, têm caído ao abraço tremendo daquela leviana, que não distingue os amantes, como diz o poeta.

Agora é um homem que, pelas suas virtudes sociais e políticas, por sua inteligência e amor ao trabalho, havia conseguido a estima geral.

Começou como impressor, como impressor morreu. Nesta modesta posição tinha em roda de si todas as simpatias.

Paula Brito foi um exemplo raro e bom. Tinha fé nas suas crenças políticas, acreditava sinceramente nos resultados da aplicação delas; tolerante, não fazia injustiça aos seus adversários; sincero, nunca transigiu com eles.

Era também amigo, era sobretudo amigo.

Amava a mocidade, porque sabia que ela é a esperança da pátria, e, porque a amava estendia-lhe quanto podia a sua proteção.

Em vez de morrer, deixando uma fortuna, que o podia, morreu pobre como vivera, graças ao largo emprego que dava às suas rendas, e ao sentimento generoso que o levava na divisão do que auferia do seu trabalho.

Nestes tempos, de egoísmo e cálculo, deve-se chorar a perda de homens que, como Paula Brito, sobressaem na massa comum dos homens."

Diário do Rio de Janeiro, 24 de dezembro de 1861

"Segunda-feira desta semana, o livreiro Garnier saiu pela primeira vez de casa para ir a outra parte que não a livraria. *Revertere ad locum tuum* – está escrito no alto da porta do cemitério de S. João Batista. Não, murmurou ele talvez dentro do caixão mortuário, quando percebeu para onde o iam conduzindo, não é este o meu lugar; o meu lugar é na Rua do Ouvidor 71, ao pé de uma carteira de trabalho, ao fundo, à esquerda; é ali que estão os meus livros, a minha correspondência, as minhas notas, toda a minha escrituração.

Durante meio século, Garnier não fez outra coisa senão estar ali, naquele mesmo lugar, trabalhando. Já enfermo desde alguns anos, com a morte no peito, descia todos os dias de Santa Teresa para a loja, de onde regressava antes de cair a noite. Uma tarde, ao encontrá-lo na rua, quando se recolhia, andando vagaroso, com os seus pés direitos, metido em um sobretudo, perguntei-lhe por que não descansava algum tempo. Respondeu-me com outra pergunta: *Pourriez-vous résister, si vous étiez forcé de ne plus faire ce que vous auriez fait pendant cinquante ans?* Na véspera da morte, se estou bem informado, achando-se de pé, ainda planejou descer na manhã seguinte, para dar uma vista de olhos à livraria.

Essa livraria é uma das últimas casas da Rua do Ouvidor; falo de uma rua anterior e acabada. Não cito os nomes das que se foram, porque não as conhecereis, vós que sois mais rapazes que eu, e abristes os olhos em uma rua animada e populosa, onde se vendem, ao par de belas joias, excelentes queijos. Uma das últimas figuras desaparecidas foi o Bernardo, o perpétuo Bernardo, cujo nome achei ligado aos charutos do Duque de Caxias, que tinha fama de os fumar únicos, ou quase únicos. Há casas como a Laemmert e o *Jornal do Commercio*, que ficaram e prosperaram, embora os fundadores se fossem; a maior parte, porém, desfizera-se com os donos.

Entre os vários grupos e agremiações que Machado frequentou ao longo da vida estava a "Panelinha". O nome dessa associação, criada em 1901, refere-se mesmo a uma panelinha, o recipiente utilizado para preparar as refeições que congregavam os nomes mais importantes das artes e das políticas. A foto, tirada durante um almoço, documenta um desses encontros, realizado no Hotel Rio Branco, em 1901. Em pé estão Rodolfo Amoedo, Artur Azevedo, Inglês de Sousa, Olavo Bilac, José Veríssimo, Sousa Bandeira, Filinto de Almeida, Guimarães Passos, Valentim Magalhães, Rodolfo Bernardelli, Rodrigo Octavio e Heitor Peixoto. Sentados, vemos João Ribeiro, Machado de Assis, Lúcio de Mendonça e Silva Ramos. Todos eles pertenceram também à Academia Brasileira de Letras, à exceção do pintor Rodolfo Amoedo, do escultor Rodolfo Bernardelli e de Heitor Peixoto, sobre quem não localizamos nenhuma informação.

Garnier é das figuras derradeiras. Não aparecia muito; durante os 30 anos das nossas relações, conheci-o sempre no mesmo lugar, ao fundo da livraria, que a princípio era em outra casa, n. 69, abaixo da Rua Nova. Não pude conhecê-lo na da Quitanda, onde se estabeleceu primeiro. A carteira é que pode ser a mesma, como o banco alto onde ele repousava, às vezes, de estar em pé. Aí vivia sempre, pena na mão, diante de um grande livro, notas soltas, cartas que assinava ou lia. Com o gesto obsequioso, a fala lenta, os olhos mansos, atendia a toda gente. Gostava de conversar o seu pouco. Neste caso, quando a pessoa amiga chegava, se não era dia de mala ou se o trabalho ia adiantado e não era urgente, tirava logo os óculos, deixando ver no centro do nariz uma depressão do longo uso deles. Depois vinham duas cadeiras. Pouco sabia da política da terra, acompanhava a de França, mas só o ouvi falar com interesse por ocasião da guerra de 1870. O francês sentiu-se francês. Não sei se tinha partido; presumo que haveria trazido da pátria, quando aqui aportou, as simpatias da classe média para com a monarquia orleanista. Não gostava do império napoleônico. Aceitou a república, e era grande admirador de Gambetta.

Daquelas conversações tranquilas, algumas longas, estão mortos quase todos os interlocutores, Liais, Fernandes Pinheiro, Macedo, Joaquim Norberto, José de Alencar, para só indicar estes. De resto, a livraria era um ponto de conversação e de encontro. Pouco me dei com Macedo, o mais popular dos nossos autores, pela *Moreninha* e pelo *Fantasma branco*, romance e comédia que fizeram as delícias de uma geração inteira. Com José de Alencar foi diferente; ali travamos as nossas relações literárias. Sentados os dois, em frente à rua, quantas vezes tratamos daqueles negócios de arte e poesia, de estilo e imaginação, que valem todas as canseiras deste mundo. Muitos outros iam ao mesmo ponto de palestra. Não os cito, porque teria de nomear um cemitério, e os cemitérios são tristes, não em si mesmos, ao contrário. Quando outro dia fui a enterrar o nosso velho livreiro, vi entrar no de S. João Batista, já acabada a cerimônia e o trabalho, um bando de crianças que iam divertir-se. Iam alegres, como quem não pisa memórias nem saudades. As figuras sepulcrais eram, para elas, lindas bonecas de pedra; todos esses mármores faziam um mundo único, sem embargo das suas flores mofinas, ou por elas mesmas, tal é a visão dos primeiros anos. Não citemos nomes.

Nem mortos, nem vivos. Vivos há-os ainda, e dos bons, que alguma coisa se lembrarão daquela casa e do homem que a fez e perfez. Editar obras jurídicas ou escolares não é mui difícil; a necessidade é grande, a procura certa. Garnier, que fez custosas edições dessas, foi também editor de obras literárias, o primeiro e o maior de todos. Os seus catálogos estão cheios dos nomes principais, entre os nossos homens de letras. Macedo e Alencar, que eram os mais fecundos, sem igualdade de mérito, Bernardo Guimarães, que também produziu muito nos seus últimos anos, figuram ao pé de outros, que entraram já consagrados, ou acharam naquela casa a porta da publicidade e o caminho da reputação.

Não é mister lembrar o que era essa livraria tão copiosa e tão variada, em que havia tudo, desde a teologia até à novela, o livro clássico, a composição recente, a ciência e a imaginação, a moral e a técnica. Já a achei feita; mas vi-a crescer ainda mais, por longos anos. Quem a vê agora, fechadas as portas, trancados os mostradores, à espera da justiça, do inventário e dos herdeiros, há de sentir que falta alguma coisa à rua. Com efeito, falta uma grande parte dela, e bem pode ser que não volte, se a casa não conservar a mesma tradição e o mesmo espírito.

Pessoalmente, que proveito deram a esse homem as suas labutações? O gosto do trabalho, um gosto que se transformou em pena, porque no dia em que devera libertar-se dele, não pôde mais; o instrumento da riqueza era também o do castigo. Esta é uma das misericórdias da Divina Natureza. Não importa: *laboremus*. Valha sequer a memória, ainda que perdida nas páginas dos dicionários biográficos. Perdure a notícia, ao menos, de alguém que neste país novo ocupou a vida inteira em criar uma indústria liberal, ganhar alguns milhares de contos de réis, para ir afinal dormir em sete palmos de uma sepultura perpétua. Perpétua!"

"A Semana", 8 de outubro de 1893

Machado, o segundo da esquerda para a direita, participa de evento social
por ocasião da 3ª Conferência Pan-Americana, realizada no Rio de Janeiro em agosto de 1906.
Ao lado de Machado estão Joaquim Nabuco e Pereira Passos.

Aos 34 anos, Machado aparece ombro a ombro com José de Alencar, por quem sempre teve profunda admiração. José de Alencar é o patrono da cadeira 23 da Academia Brasileira de Letras, que Machado ocupou. A capa do periódico *Archivo contemporâneo* é de 1873, muito anterior a *Memórias póstumas de Brás Cubas* e *Dom Casmurro*, romances que fariam dele o maior romancista brasileiro do século XIX.

A ESTÁTUA DE JOSÉ DE ALENCAR

"Tenho ainda presente a essa em que, por algumas horas últimas, pousou o corpo de José de Alencar. Creio que jamais o espetáculo da morte me fez tão singular impressão. Quando entrei na adolescência, fulgiam os primeiros raios daquele grande engenho; vi-os depois em tanta cópia e com tal esplendor que eram já um sol, quando entrei na mocidade. Gonçalves Dias e os homens do seu tempo estavam feitos; Álvares de Azevedo, cujo livro era a *boa-nova* dos poetas, falecera antes de revelado ao mundo. Todos eles influíam profundamente no ânimo juvenil que apenas balbuciava alguma cousa; mas a ação crescente de Alencar dominava as outras. A sensação que recebi no primeiro encontro pessoal com ele foi extraordinária; creio ainda agora que não lhe disse nada, contentando-me de fitá-lo com os olhos assombrados do menino Heine ao ver passar Napoleão. A fascinação não diminuiu com o trato do homem e do artista. Daí o espanto da morte. Não podia crer que o autor de tanta vida estivesse ali, dentro de um féretro, mudo e inábil por todos os tempos dos tempos. Mas o mistério e a realidade impunham-se; não havia mais que enterrá-lo e ir conversá-lo em seus livros.

Hoje, senhores, assistimos ao início de outro monumento, este agora de vida, destinado a dar à cidade, à pátria e ao mundo a imagem daquele que um dia acompanhamos ao cemitério. Volveram anos; volveram cousas; mas a consciência humana diz-nos que, no meio das obras e dos tempos fugidios, subsiste a flor da poesia, ao passo que a consciência nacional nos mostra na pessoa do grande escritor o robusto e vivaz representante da literatura brasileira. [...]

O espírito de Alencar percorreu as diversas partes de nossa terra, o norte e o sul, a cidade e o sertão, a mata e o pampa, fixando-as em suas páginas, compondo assim com as diferenças da vida, das zonas e dos tempos a unidade nacional da sua obra.

Nenhum escritor teve em mais alto grau a alma brasileira. E não é só porque houvesse tratado assuntos nossos. Há um modo de ver e de sentir, que dá a nota íntima da nacionalidade, independente da face externa das cousas. [...]

Agora que os anos vão passando sobre o óbito do escritor, é justo perpetuá-lo, pela mão do nosso ilustre estatuário nacional. Concluindo o livro de *Iracema*, escreveu Alencar esta palavra melancólica: "A jandaia cantava ainda no olho do coqueiro, mas não repetia já o mavioso nome de *Iracema*. Tudo passa sobre a terra". Senhores, a filosofia do livro não podia ser outra, mas a posteridade é aquela jandaia que não deixa o coqueiro, e que ao contrário da que emudeceu na novela, repete e repetirá o nome da linda tabajara e do seu imortal autor. Nem tudo passa sobre a terra."

Trechos do discurso proferido na cerimônia do lançamento da primeira pedra da estátua de José de Alencar, em 12 de dezembro de 1891

Corte 18/7/10 86

Meu caro Raymundo Correa,

A distancia não tira a memoria aos amigos. O seu telegramma de hontem chegou a tempo de ser lido pelos que cá estavam comnosco, e pensavam no ausente. Muito obrigado pelas suas boas palavras, e um cordial aperto de mão. Adeus, caro poeta; saudades do

Velho am.º e comp.º
Machado de Assis.

Carta a Raimundo Correa, 1886.

Correspondência: amizades e afetos

As cartas e os cartões eram praticamente os únicos meios de comunicação em um tempo em que as grandes distâncias eram vencidas a cavalo ou então por trens e navios. Em seus 69 anos de vida, Machado de Assis escreveu e recebeu algumas centenas de cartas e cartões. Nem todas foram preservadas, muitas delas devem ter sido destruídas pelo próprio escritor, mas algumas resistiram ao tempo e chegaram até nós.

A correspondência inclui desde bilhetes da juventude, em que o escritor sugere estar passando por apuros financeiros, até as cartas que escreveu para a futura mulher, Carolina. No entanto, a grande maioria das cartas que conhecemos foi endereçada a seus amigos, muitos deles escritores e críticos que acompanhavam com interesse sua trajetória.

São raros os momentos em que Machado, avesso a derramamentos emocionais e ao tom confessional, nos deixa entrever sua intimidade. Mas é possível distinguir, nas formas de tratamento que utiliza, os diferentes níveis de afeição que tinha por seus interlocutores. Ao crítico José Veríssimo dirigiu-se sempre com um distante e respeitoso "Meu caro Veríssimo". Com Joaquim Nabuco, o tratamento oscilou bastante ao longo

Joaquim Nabuco, embaixador nos EUA, 1905.

dos anos, entre o "meu caro Embaixador" e o "meu querido Nabuco".

Sempre querido foi Salvador de Mendonça, com quem se correspondeu por mais de trinta anos. Em setembro de 1908, poucos dias antes de morrer, Machado escreveu a seguinte carta ao amigo:

Salvador de Mendonça.

"A Salvador de Mendonça
(RJ, 7 set. 1908.)

Meu querido Salvador de Mendonça.

A tua boa carta trouxe ao meu espírito afrouxado não menos pela enfermidade que pelos anos, aquele cordial de juventude que nada supre neste mundo. É o meu Salvador de outrora e de sempre, é aquele generoso espírito a quem nunca faltou simpatia para todo esforço sincero. Tal te vejo há meio século, meu amigo, tal te vi nos dias da nossa primeira mocidade. Íamos entrando nos vinte anos, verdes, quentes e ambiciosos. Já então nos ligava a ambos a afeição que nunca mais perdemos.

Aqui estás o mesmo de então e de sempre. A tua grande simpatia achou a velha da tradição itaboraiense para dizer mais vivamente o que sentiste do meu último livro.[4] Fizeste-o pela maneira magnífica a que nos acostumaste em tantos anos de trabalhos e de artista. Agradeço-te, meu querido. A morte levou-nos muitos daqueles que eram conosco outrora; possivelmente a vida nos terá levado também alguns outros, é seu costume dela, mas chegado ao fim da carreira é doce que a voz que me alente seja a mesma voz antiga que nem a morte nem a vida fizera calar.

Abraça-te cordialmente
O teu velho amigo
Machado de Assis."

---

[4] Trata-se de *Memorial de Aires*, que acabara de ser publicado. Nessa carta, Machado responde a outra, que o amigo lhe escrevera com comentários sobre seu último romance. A carta de Salvador de Mendonça foi estampada no *Jornal do Commercio* do Rio de Janeiro, em 6 de setembro de 1908.

Mário de Alencar.

Carolina, a esposa de Machado de Assis.

Nenhum destinatário recebeu tanto afeto do velho escritor como o filho de José de Alencar. Trinta e dois anos mais jovem, Mário de Alencar foi o único a quem Machado se referiu regularmente como "meu querido amigo". Na correspondência entre os dois, que se intensificou em seus últimos anos de vida, Machado tratou de assuntos que não compartilhou com mais ninguém. Nas cartas, o escritor, com a saúde já bastante debilitada, referiu-se várias vezes a "pequenas crises", "alguns fenômenos nervosos" e "ausências", prováveis referências a crises de epilepsia, das quais o amigo mais jovem também sofria.

Também singular é o fato de Machado de Assis ter permitido que o jovem escritor lesse o *Memorial de Aires* antes de sua publicação. Ninguém, além da esposa, Carolina, parece ter tido o privilégio de ler um livro de Machado antes da publicação. Em carta de 22 de dezembro de 1907, o escritor dirige-se ao "querido amigo":

"Meu querido amigo.

Confiando-lhe a leitura do meu próximo livro, antes de ninguém, correspondi ao sentimento de simpatia que sempre me manifestou, e em mim sempre existiu, sem quebra nem interrupção de um dia; não há que agradecer este ato. Queria a impressão direta e primeira do seu espírito, culto, embora certo de que aquele mesmo sentimento o predispunha à boa vontade.

Assim foi; a carta que me mandou respira toda um entusiasmo que estou longe de merecer, mas é sincera e mostra que me leu com alma. Foi também por isso que achou o modelo íntimo de uma das pessoas do livro, que eu busquei fazer completa sem designação particular, nem outra evidência que a da verdade humana.

Repito o que lhe disse verbalmente, meu querido Mário, creio que esse será o meu último livro; faltam-me forças e olhos outros; além disso o tempo é escasso e o trabalho é lento. Vou devolver as provas ao editor e aguardar a publicação do meu Memorial de Aires.

Adeus, meu querido Mário, ainda uma vez agradeço a sua boa amizade ao pobre e velho amigo

Machado de Assis."

Vendedor de jornais. *Brasil Ilustrado*, 1877.

Nas páginas de jornais e revistas

Machado de Assis foi também um homem de imprensa. Durante toda sua vida profissional, colaborou com os mais diversos periódicos, como revisor, repórter, crítico literário, cronista, poeta, contista e romancista. Antes de conseguir a estabilidade do emprego público, seu sustento dependeu das colaborações na imprensa.

Começou a contribuir para a *Marmota Fluminense* quando tinha 16 anos e só deixou de publicar em periódicos com sua morte, aos 69 anos, em 1908. Grande parte de sua obra saiu primeiramente nas páginas de periódicos, nos famosos folhetins, quase sempre localizados nos rodapés das publicações. Só depois desse estágio na imprensa é que muitos de seus romances, contos e crônicas foram encontrar a forma mais definitiva dos livros.

O diálogo direto com os leitores, o tom de conversa, a entrada direta e surpreendente nos assuntos, a criação de situações de forte impacto — tudo isso, tão característico da ficção de Machado, carrega marcas de sua atuação na imprensa e dos modos originais de publicação de sua obra.

Num país de poucos leitores e de pouca tradição de leitura de livros — mais de 80% da população brasileira não sabia ler nem escrever no tempo em que Machado produzia sua obra —, a publicação em jornais e revistas era uma forma de aumentar o círculo de leitores de literatura.

O jovem Machado acreditou bastante nesse poder irradiador e civilizador dos jornais, chamados por ele de "hóstia social da comunhão pública" cuja "primeira propriedade é o derramamento fácil em todos os membros do corpo social".[5] Com o tempo, foi se dando conta do excesso retórico de suas formulações da juventude.

Diante dos dados chocantes do primeiro recenseamento geral do Brasil, Machado escreveu uma crônica em que constatava: "A nação não sabe ler. Há só 30% dos indivíduos residentes neste país que podem ler; desses uns 9% não lêem letra de mão. 70% jazem em profunda ignorância".[6]

Em 1883, lamentava o desaparecimento da *Revista Brasileira*, que abrigara as *Memórias póstumas de Brás Cubas*: "Há alguns dias, escrevendo de um livro, e referindo-me à *Revista Brasileira*, tão malograda, disse esta verdade de La Palisse: 'que não há revistas sem um público de revistas'. Tal é o caso do Brasil. Não temos ainda a massa de leitores necessária para essa espécie de publicações".[7]

Apesar das difíceis condições para a produção literária, o escritor não esmoreceu. Ao longo de mais de cinco décadas, colaborou em mais de 50 veículos, entre jornais e revistas, quase todos do Rio de Janeiro. Mas ele também escreveu para periódicos sediados em São Paulo (*Imprensa Acadêmica* e *O Comércio de São Paulo*), São Luís (*Semanário Maranhense*) e Vassouras (*A Quinzena*). No exterior, publicou na *Revista Contemporânea* e *Brasil-Portugal*, ambas sediadas em Lisboa, e no jornal ilustrado *O Novo Mundo*, editado e impresso em português em Nova York.

---

[5] Machado de Assis, "A reforma pelo jornal", publicado em *O espelho*, em 23 de outubro de 1859, in *OC*, vol. 3, pp. 963-965.
[6] Machado de Assis, "História de 15 Dias", 15 de agosto de 1876.
[7] Carta a José Veríssimo de 19 de abril de 1883.

Foi nas páginas de *O espelho* que Machado de Assis fez suas primeiras colaborações regulares nos anos 1859 e 1860.

No jornal humorístico de Henrique Fleuiss Machado publicou poemas, traduções e críticas entre 1860 e 1875.

O subtítulo "Publicação ilustrada, recreativa, artística, etc." dá ideia da variedade e, em certa medida, da frivolidade dos assuntos tratados pela publicação, que circulou no Rio de Janeiro durante 15 anos, entre 1863 e 1878. Grande parte dos contos escritos por Machado nas décadas de 1860 e 1870 vieram à luz nesse jornal. Ao todo, foram mais de 60 histórias publicadas ali, muitas vezes ao lado das toilettes coloridas e das descrições minuciosas dos moldes, bordados e babados.

"Melhorando de dia para dia, as edições da casa Garnier são hoje as melhores que aparecem entre nós.

Não deixarei de recomendar aos leitores fluminenses a publicação mensal da mesma casa, o *Jornal das Famílias*, verdadeiro jornal para senhoras, pela escolha do gênero de escritos originais que publica e pelas novidades de modas, músicas, desenhos, bordados, esses mil nadas tão necessários ao reino do bom tom.

O *Jornal das Famílias* é uma das primeiras publicações deste gênero que temos tido; o círculo dos seus leitores vai se alargando cada vez mais, graças à inteligente direção do Sr. Garnier."

Trecho de crônica publicada em 3 de janeiro de 1865 no *Diário do Rio de Janeiro*

Machado foi leitor assíduo do jornal para o qual seu amigo Salvador de Mendonça, então morando nos Estados Unidos, colaborou em meados dos anos de 1870. Nessa época, o próprio Machado colaborou com o jornal dirigido por seu também amigo Quintino Bocaiúva. Ali publicou seus romances A mão e a luva e Helena. Ambos saíram em capítulos, em forma de folhetins, no rodapé do jornal.

"Suponha o público que é um sol, e olhe em volta de si: verá O Globo a rodeá-lo, mais forte do que era até há pouco e prometendo longa vida.

Eu gosto de todos os globos, desde aqueles (lácteos) que tremiam quando Vênus entrou no céu (viu Lusíadas), até o da Rua dos Ourives, que é um Globo como se quer.

Falando no sentido natural, direi que O Globo honra a nossa imprensa e merece ser coadjuvado por todos os que amam essa alavanca do progresso, a mais potente de todas.

Hoje a imprensa fluminense é brilhante. Contamos órgãos importantes, neutros ou políticos, ativos, animados e perseverantes. Entre eles ocupa lugar distinto O Globo, a cujo talentoso redator e diretor, Sr. Quintino Bocaiúva, envio meus emboras, não menos que ao seu folhetinista Oscar d'Alva, cujo verdadeiro nome anda muita gente ansiosa para saber qual seja."

"História de 15 dias", 15 de setembro de 1876

Lúcio de Mendonça.

José Veríssimo.

"Há alguns dias, escrevendo de um livro, e referindo-me à *Revista Brasileira*, tão malograda, disse esta verdade de La Palisse:

'que não há revistas, sem um público de revistas'. Tal é o caso do Brasil. Não temos ainda a massa de leitores necessária para essa espécie de publicações. A *Revista Trimestral* do Instituto Histórico vive por circunstâncias especiais, ainda assim irregularmente, e ignorada do grande público.

Esta linguagem não é a mais própria para saudar o aparecimento de uma nova tentativa; mas sei que falo a um espírito prático, sabedor das dificuldades, e resoluto a vencê-las ou diminuí-las, ao menos."

Carta a José Veríssimo, de 19 de abril de 1883.

Foi na efêmera *Revista Brasileira*, publicada de junho de 1879 a dezembro de 1881, que Machado publicou seu primeiro grande

romance. Ali, saiu a primeira versão das *Memórias póstumas de Brás Cubas*, divididas em 17 pedaços, estampados entre março de 1880 e dezembro de 1880. O romance sairia em livro no ano seguinte, 1881.

Na década de 1890, a *Revista Brasileira* viveu uma nova fase, dessa vez dirigida por José Veríssimo. A redação da revista tornou-se um ponto de encontro, frequentado por Machado, Veríssimo, Graça Aranha, Lúcio de Mendonça. Por alguns momentos, as dependências acolheram as reuniões da Academia Brasileira de Letras, ainda sem sede própria.

O jornal, dirigido por Ferreira de Araújo, um dos melhores e mais conhecidos jornalistas brasileiros do século XIX, publicou muitos dos melhores contos escritos por Machado de Assis. O período em que Machado colaborou mais regularmente com o jornal, de 1881 a 1897, corresponde à fase mais produtiva e criativa do escritor. Foi ali que os leitores puderam ler e se espantar pela primeira vez com obras-primas, como "O espelho", "A cartomante", "A causa secreta", "D. Paula", "Noite de almirante", para destacar apenas cinco de um conjunto de mais de cinquenta narrativas, muitas delas irretocáveis.

O cronista Machado de Assis também esteve em ação nesse jornal entre 1883 e 1900. Saíram ali algumas das séries de crônicas mais conhecidas: "Balas de estalo", "Gazeta de Holanda", "Bons dias!" e "A Semana". Em nenhuma delas assinou seu nome. Preferiu adotar os pseudônimos Lélio, João das Regras, Malvolio e Boas Noites. "A Semana" foi a única série publicada anonimamente.

"Completou os seus vinte anos. Vinte anos é alguma cousa na vida de um jornal qualquer, mas na da *Gazeta* é uma longa página da história do jornalismo. O *Jornal do Commércio* lembrou ontem que ela fez uma transformação na imprensa. Em verdade, quando a *Gazeta* apareceu, a dois vinténs, pequena, feita de notícias, de anedotas, de ditos picantes, apregoada pelas ruas, houve no público o sentimento de alguma coisa nova, adequada ao espírito da cidade. Há vinte anos. As moças desta idade não se lembraram de fazer agora um gracioso mimo à *Gazeta*, bordando por suas mãos uma bandeira, ou, em seda, o número de 2 de agosto de 1875. São duas boas ideias que em 1896 podem realizar as moças de vinte e um anos, e depressa, depressa, antes que a *Gazeta* chegue aos trinta. Aos trinta, por mais amor que haja a esta folha, não é fácil que as senhoras da mesma idade lhe façam mimos. Se lessem Balzac, fá-los-iam grandes, e achariam mãos amigas que os recebessem; mas as moças deixaram Balzac, pai das mulheres de trinta anos."

"A Semana", 4 de agosto de 1895

Nas páginas d'*A Estação*, ao lado de ilustrações de moldes e frufrus destinados às mulheres elegantes, Machado publicou entre 1886 e 1891, aos pedaços, o romance *Quincas Borba*.

O poeta das crisálidas. Litografia de Henrique Fleuiss, *A Semana Ilustrada*, 1864.

Poeta e homem de teatro

Machado de Assis começou a carreira literária como dramaturgo e poeta. Nas décadas de 1850 e 1860, dedicou-se intensamente ao teatro e à poesia. Muito antes de publicar seus grandes contos e romances, já era um escritor respeitado e renomado pela sua produção teatral e poética. Nada mais distante da visão que temos hoje, quando a reputação dele está direta e quase exclusivamente associada à atividade como autor de contos e romances.

Embora o prosador tenha feito sombra para o poeta e o dramaturgo, a verdade é que Machado nunca abandonou completamente a poesia nem o teatro. Produziu e publicou textos dos dois gêneros a vida toda. Em *Relíquias de casa velha*, livro publicado dois anos antes de sua morte, reuniu não só contos, crônicas e discursos, mas o famoso soneto "A Carolina", dedicado à sua mulher e companheira, e também a peça inédita *Lição de botânica*. Nessa comédia derradeira, ele retoma um mote emprestado do escritor francês Alfred de Musset e já empregado quatro décadas antes em outra de suas peças, *O caminho da porta*. Eis o mote: *Il faut qu'une porte soit ouverte ou fermée*, ou seja, *Uma porta há de estar aberta ou fechada*.[8]

Já viúvo e às vésperas da morte, o escritor revisitava os dois gêneros tão praticados na juventude, quando ainda era conhecido pelos colegas como Machadinho.

---

[8] Cf. o ensaio "Machado de Assis, leitor de Musset", de João Roberto Faria. Publicado em *Teresa – Revista de Literatura Brasileira*, n. 6/7. São Paulo: USP/ Editora 34 / Imprensa Oficial, 2006, pp. 364-384.

A maior parte dos poemas escritos por Machado foi recolhida em *Poesias completas* (1901). O livro incluía poemas publicados em *Crisálidas* (1864), *Falenas* (1870) e *Americanas* (1876), além de um volume inédito, intitulado *Ocidentais*. As peças para teatro, na maioria comédias, só foram reunidas em volume postumamente, pelo amigo Mário de Alencar.

Mais do que dramaturgo, Machado foi um homem de teatro. Nas décadas de 1860 e 1870, além de ter escrito peças, traduziu vários textos, a maioria do francês, língua que dominava muito bem. Frequentou intensamente os teatros da Corte, escreveu vários textos críticos sobre teatro e foi até censor teatral, produzindo pareceres para o Conservatório Dramático Brasileiro entre 1862 e 1864.

O crítico francês Jean-Michel Massa, grande conhecedor da vida e da obra do jovem Machado de Assis, afirma que ele teve no teatro "a base da sua vida literária". E supõe que essa fase boêmia do escritor, em que teria namorado atrizes e escrito poemas para elas, tenha terminado por conta do casamento com Carolina, em 1869: "Talvez Carolina tenha limitado ou controlado esta fase. Não digo que ela tivesse acabado com a revista de teatro, mas como autor praticamente não há livros de teatro publicados por ele depois de 70, de maneira que este período, esta década, corresponde, podemos dizer, a uma espécie de fase teatral; como se diz que há uma fase dos grandes romances, inaugurada com *Memórias póstumas*".[9]

Teatro S. Pedro de Alcântara, c. 1900.

---

[9] Entrevista com Jean-Michel Massa publicada em *Teresa – Revista de Literatura Brasileira*, n. 6/7. São Paulo: USP/ Editora 34 / Imprensa Oficial, 2006, pp. 457-469.

Carolina. Fotografia de Insley Pacheco.

A Carolina

Querida, ao pé do leito derradeiro
Em que descansas dessa longa vida,
Aqui venho e virei, pobre querida,
Trazer-te o coração do companheiro.

Pulsa-lhe aquele afeto verdadeiro
Que, a despeito de toda a humana lida,
Fez a nossa existência apetecida
E num recanto pôs um mundo inteiro.

Trago-te flores, – restos arrancados
Da terra que nos viu passar unidos
E ora mortos nos deixa e separados.

Que eu, se tenho nos olhos malferidos
Pensamentos de vida formulados,
São pensamentos idos e vividos.

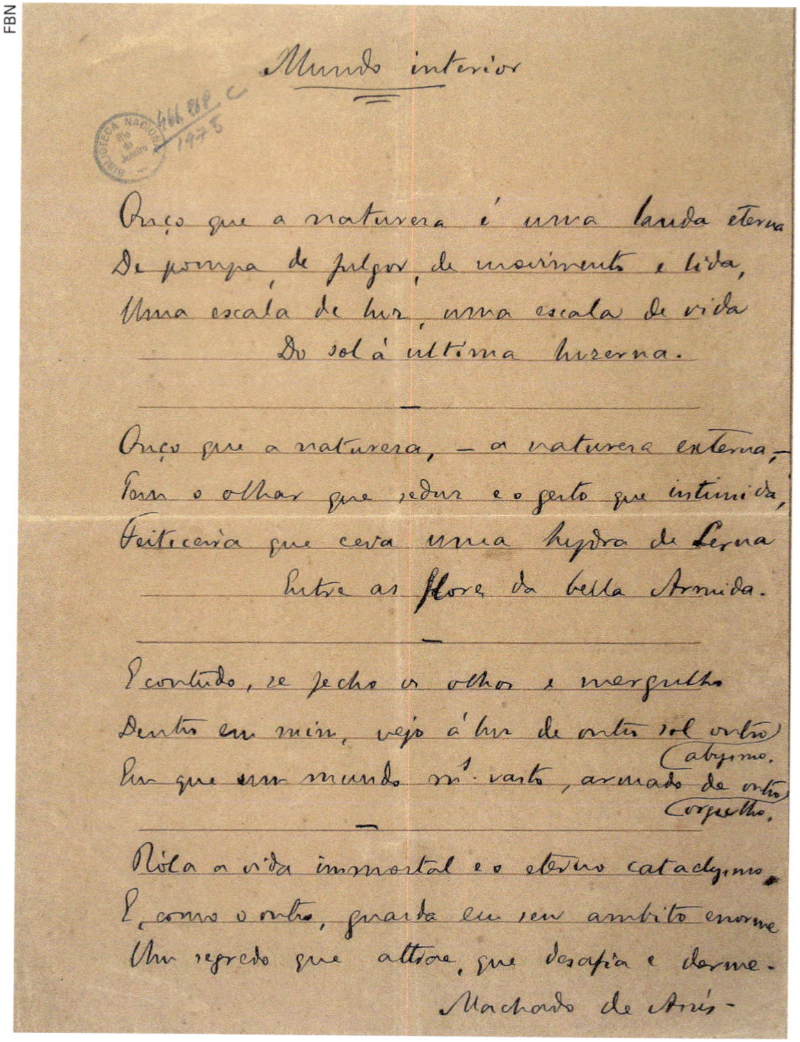

Manuscrito de "Mundo interior".

O soneto "Mundo interior" é composto de doze versos de doze sílabas, os chamados alexandrinos, e dois versos decassílabos. São formas comuns na poesia parnasiana, na qual Manuel Bandeira incluiu parte da produção de Machado de Assis.

Como indica o título, o poema trata dos lugares recônditos da psique humana, dos abismos profundos e secretos que trazemos dentro de nós, cuja grandiosidade é comparável à da natureza externa. Como é comum na obra de Machado, a natureza aqui também não é boa, nem amiga nem mãe. Ela é uma feiticeira que alimenta monstros, como a terrível hidra de Lerna com suas cabeças de serpente, e também sedutora, como Armida, a personagem de Torquato Tasso, que seduz e quase leva à perdição o cavaleiro Rinaldo, de *Jerusalém Libertada* (1575).

No breve poema, pode-se notar a erudição do poeta. Machado de Assis compõe seus poemas a partir de referências da mitologia clássica, textos barrocos e renascentistas, associados a outros temas e formas do vocabulário romântico, realista e parnasiano.

Embora a poesia de Machado de Assis seja geralmente ignorada e relegada a terceiro ou quarto plano, ofuscada que foi pela sua produção em prosa, ela certamente deixou marcas na poesia brasileira. É difícil ler o poema de Machado sem pensar em Carlos Drummond de Andrade, grande leitor e admirador de Machado, a quem chamou de "bruxo" em um poema famoso. Noutro de seus poemas mais conhecidos, "Poema de sete faces", Drummond parece retomar a ideia de Machado ao recompor a sequência "mundo mais vasto", transformando-a em "Mundo mundo vasto mundo,/ mais vasto é meu coração".

O manuscrito do soneto, encontrado na Seção de Manuscritos da Biblioteca Nacional, no Rio de Janeiro, mostra que o quarto verso, geralmente redigido como "De sol à ínfima luzerna", na realidade deveria ser "Do sol à ínfima luzerna", o que, aliás, faz mais sentido no contexto do poema. No sexto verso do poema, a expressão "que seduz" foi substituída por "que namora" na versão publicada em livro. Por que Machado teria decidido por essa troca?

O primo Basílio. Ilustração de Bordallo Pinheiro.
O Besouro, 1878.

O crítico

Machado de Assis foi dos críticos mais importantes do século XIX. Depois de intensa atividade como crítico de teatro na década de 1860, ele diminuiu o ritmo na década seguinte. Mas sua crítica ganhou fôlego com a publicação de três ensaios que marcaram época e ficaram para a história da literatura brasileira: "Notícia da atual literatura brasileira — Instinto de nacionalidade", os polêmicos artigos em que faz duras críticas ao romance *O primo Basílio*, de Eça de Queirós, e o ensaio "A nova geração", que lhe valeu a inimizade e o ódio perpétuo de Sílvio Romero. Este até escreveu um livro inteiro com pesados ataques ao criador de Brás Cubas.

Em "Instinto de nacionalidade", escrito sob encomenda para a revista *O Novo Mundo*, publicada em Nova York, ele faz um balanço das proposições dos escritores românticos e da produção brasileira do século XIX. Ali, Machado diz que o gosto do público, em relação ao teatro, tocou o último grau da decadência e perversão; lamenta a inexistência de uma crítica elevada e regular, o que considera "um dos maiores males de que padece a nossa literatura"[10]; e constata, com certo tom de desaprovação, a permanência do gosto romântico entre a nova geração: "Os nomes que principalmente seduzem a nossa mocidade são os do período romântico; os escritores que se vão buscar para fazer comparações com os nossos, — porque há aqui muito amor a essas comparações — são ainda

---

[10] "Instinto de nacionalidade", *O Novo Mundo*, Nova York, em 24 de março de 1873, in *OC*, vol. 3, p. 804.

O Novo Mundo, capa, 1873.

aqueles com que o nosso espírito se educou, os Vítor Hugos, os Gautiers, os Mussets, os Gozlans, os Nervals".[11]

Mas também recriminava a negação completa do Romantismo, por parte de alguns jovens: "A nova geração chasqueia às vezes do Romantismo. Não se pode exigir da extrema juventude a exata ponderação das coisas; não há impor a reflexão ao entusiasmo. De outra sorte, essa geração teria advertido que a extinção de um grande movimento literário não importa a condenação formal e absoluta de tudo o que ele afirmou; alguma coisa entra e fica no pecúlio do espírito humano".[12]

Machado, àquela altura, empenhava-se em estabelecer uma visão mais equilibrada e menos dogmática sobre o que é ou deveria ser a literatura nacional, em um momento em que os escritores estavam muito preocupados em identificar os elementos típicos brasileiros e recobrir suas obras de "cor local", ou então em renegar completamente os princípios que haviam norteado as gerações anteriores. Afeito aos meios-tons, ao *juste-milieu*, se por um lado desa-

---

[11] "Instinto de nacionalidade", O *Novo Mundo*, Nova York, em 24 de março de 1873, in *OC*, vol. 3, p. 805.
[12] "A nova geração", *Revista Brasileira*, vol. II, em 1º de dezembro de 1879, in *OC*, vol. 3, p. 810.

provava os excessos do romantismo, por outro condenava também os excessos do realismo.

Escrevendo sobre *O primo Basílio*, viu limitações no texto de Eça de Queirós, que atribuía aos exageros da escola Realista/Naturalista. Ao mesmo tempo em que repudiava a aplicação cega dos preceitos do Realismo e do Naturalismo, valorizava a realidade: "a realidade é boa, o realismo é que não presta para nada", escreveu em "A nova geração", de 1879.

E resumiu assim o ideal do crítico: "Nem basta ler; é preciso comparar, deduzir, aferir a verdade do autor"[13]. Esse é o tipo de leitura que faz, reconhecendo o talento do escritor, por quem tinha grande admiração, sem deixar de apontar os defeitos que via no romance do colega português.

Como crítico e como criador, Machado parece ter fugido sempre das escolas e dos dogmas. Preferia aproveitar todas as fontes disponíveis, fossem elas clássicas ou contemporâneas, mantendo sempre alguma distância do que quer que fosse.

Eça de Queirós.

---

[13] ["Eça de Queirós: *O primo basílio*"], *OC*, p. 911.

Machado de Assis, c. 1873.

"Exercer a crítica, afigura-se a alguns que é uma fácil tarefa, como a outros parece igualmente fácil a tarefa do legislador; mas, para a representação literária, como para a representação política, é preciso ter alguma coisa mais que um simples desejo de falar à multidão. Infelizmente é a opinião contrária que domina, e a crítica, desamparada pelos esclarecidos, é exercida pelos incompetentes.

São óbvias as consequências de uma tal situação. As musas, privadas de um farol seguro, correm o risco de naufragar nos mares sempre desconhecidos da publicidade. O erro produzirá o erro; amortecidos os nobres estímulos, abatidas as legítimas ambições, só um tribunal será acatado, e esse, se é o mais numeroso, é também o menos decisivo. O poeta oscilará entre as sentenças mal concebidas do crítico, e os arestos caprichosos da opinião; nenhuma luz, nenhum conselho, nada lhe mostrará o caminho que deve seguir, — e a morte próxima será o prêmio definitivo das suas fadigas e das suas lutas.

Chegamos já a estas tristes consequências? Não quero proferir um juízo, que seria temerário, mas qualquer um pode notar com que largos intervalos aparecem as boas obras, e como são raras as publicações seladas por um talento verdadeiro. Quereis mudar esta situação aflitiva? Estabelecei a crítica, mas a crítica fecunda, e não a estéril, que nos aborrece e nos mata, que não reflete nem discute, que abate por capricho ou levanta por vaidade; estabelecei a crítica pensadora, sincera, perseverante, elevada, — será esse o meio de reerguer os ânimos, promover os estímulos, guiar os estreantes, corrigir os talentos feitos; condenai o ódio, a camaradagem e a indiferença, — essas três chagas da crítica de hoje, — ponde em lugar deles, a sinceridade, a solicitude e a justiça, — é só assim que teremos uma grande literatura."

"O ideal do crítico",
publicado no *Diário do Rio de Janeiro*, em 8 de outubro de 1865

Essa é a folha de rosto para uma edição monumental de *O Guarani*, comemorativa dos dez anos da morte de Alencar. Para ela, Machado de Assis escreveu um prefácio. Os fascículos ilustrados que comporiam o romance não foram completados. A publicação foi interrompida e o volume completo, pelo que se sabe, nunca veio à luz. Os poucos fascículos que sobreviveram ao tempo tornaram-se raridade bibliográfica.

Reginaldo Farias em *Memórias póstumas*, filme de André Klotzel, 2001.

Criador de personagens

O cronista prolífico, o mavioso poeta e o homem de teatro engajado passou à posteridade como o maior contista e romancista brasileiro do século XIX. Hoje, Machado é lembrado principalmente pelas mais de duas centenas de contos e pelos nove romances que escreveu. E é lembrado também como criador de algumas das personagens mais célebres da literatura brasileira.

Na crítica famosa ao romance *O primo Basílio*, de Eça de Queirós, o romancista carioca recriminava as personagens esquemáticas, que mais pareciam títeres, feitas de matéria inerte. Para Machado, personagens tinham de ter sangue, nervos e músculo. Deviam mover-se a partir das paixões, do remorso, da consciência, do amor, do despeito, da vontade e do interesse.

É com essa matéria misturada, feita de bem e de mal, de contrastes e contradições, que Machado criou em seus contos e romances personagens inesquecíveis. São personagens que habitaram a imaginação dos leitores do século XIX e permanecem vivas no imaginário brasileiro: Helena, Marcela, Eugênia, Virgília, d. Plácida, o cunhado Cotrim, Simão Bacamarte, Bentinho, José Dias, Flora, a gente Aguiar, o conselheiro Aires e, claro, a eterna Capitu.

Algumas de suas personagens encontraram vida e novas interpretações em outras formas de arte: no teatro, no cinema e na televisão, como se vê na galeria apresentada nestas páginas.

Walmor Chagas e Cleide Yáconis em cena de *O protocolo*, Teatro Leopoldo Fróis, 1959.

Luciana Braga em adaptação de *Helena* para a TV Manchete, 1987.

Isabela e Othon Bastos no filme *Capitu*, de Paulo César Saraceni, 1968.

Luiz Fernando Guimarães em cena de *Brás Cubas*, filme de Júlio Bressane, 1985.

Rua do Ouvidor, Rio de Janeiro. Fotografia de Marc Ferrez, c. 1890.

Cronista e ficcionista do Rio

"Vamos à Rua do Ouvidor; é um passo. Desta rua ao *Diário de Notícias* é ainda menos. Ora, foi no *Diário de Notícias* que eu li uma defesa do alargamento da dita Rua do Ouvidor — coisa que eu combateria se tivesse tempo e espaço. Vós que tendes a cargo o aformoseamento da cidade, alargai outras ruas, todas as ruas, mas deixai a do Ouvidor assim mesmo – uma viela, como lhe chama o *Diário* —, um canudo, como lhe chama Pedro Luís.[14] Há nela, assim estreitinha, um aspecto e uma sensação de intimidade. É a rua própria do boato. Vá lá correr um boato por avenidas amplas e lavadas de ar. O boato precisa do aconchego, da contiguidade, do ouvido à boca para murmurar depressa e baixinho, e saltar de um lado para outro. Na Rua do Ouvidor, um homem, que está à porta do Laemmert,[15] aperta a mão do outro que fica à porta do Crashley,[16] sem perder o equilíbrio. Pode-se comer um sanduíche no Castelões e tomar um cálix de madeira no Deroche,[17] quase sem sair de casa. O característico desta rua é ser uma espécie de loja, única, variada, estreita e comprida."

"A Semana", 13 de agosto de 1893

[14] Nas palavras do próprio Machado de Assis, em obituário publicado em 5 de outubro de 1884, Pedro Luís Pereira de Sousa (1839-1883), "jornalista, poeta, deputado, administrador, ministro e homem da mais fina sociedade fluminense, pertencia este moço à geração que começou por 1860".
[15] Referência a Eduard Laemmert, que com seu irmão, Henrique, editava e comercializava livros na casa comercial da Rua do Ouvidor.
[16] A Casa Crashley, importadora de livros e revistas estrangeiros, principalmente em inglês, tinha em Machado de Assis um grande freguês.
[17] Casa famosa pelos seus sorvetes.

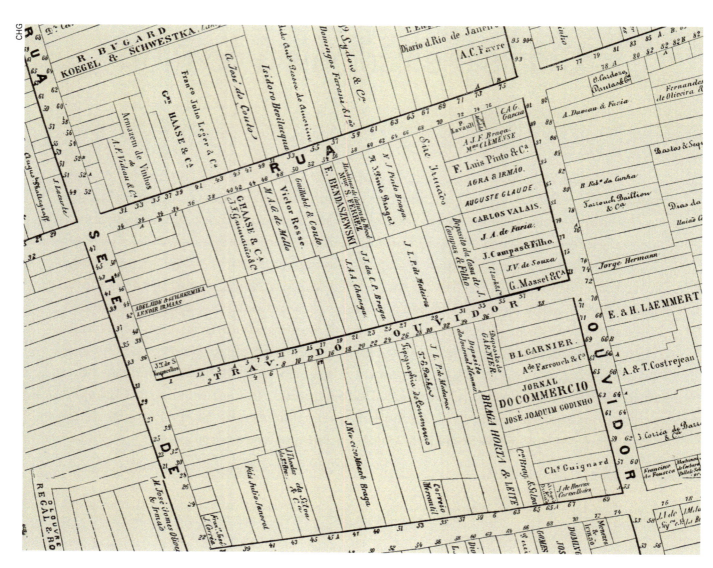

Planta do centro do Rio de Janeiro, c. 1890.

"Saudade, tenho saudade
De outrora. Há mais de trinta anos
Que andei por essa cidade
Com grandes passos ufanos.

"Mudou tudo? Existe ainda
O teatro Provisório?
Onde está Lagrua, a linda,
Que teve um lapso amatório?

"O gordo Tatti? o magano
Ferrari? a Charton divina?
Vive ainda o João Caetano?
Vive ainda a Ludovina?

"A Loja do Paula Brito
Mudou de dono ou de praça?
Paranhos, grave e bonito,
Vive ainda? Vive o Graça?

"Mora ainda no Rocio
Muita família? O teatro
Tem inda o mesmo feitio?
São ainda os mesmos quatro?

"Publica-se inda o elegante
Mercantil? Que faz? Que escreve
Maneco? e o Muzzio? e o brilhante
Alencar de estilo leve?

"Vou vê-los todos, e juro
Em honra aos dias passados,
Que ao meu golpe áspero e duro
Serão poupados, poupados..."

"Gazeta de Holanda", 12 de novembro de 1886

Vista da Praia da Glória, c. 1890.

"Por este ano esperava o dia de São Bartolomeu com extraordinária ansiedade, — talvez para ver se o vento levava aquele resto de ponte que fica em frente à praia da Glória.

Creio que essa obra prendia-se ao plano de aterrar uma parte do mar; não se tendo realizado o plano, a ponte ficou, do mesmo modo que ficaram na rua dos Ourives os trilhos de uma linha de bondes que se não fez. Nisto o mar parece-me com a terra. Nem há razão clara para ação diferente. O tempo trouxe algumas injúrias à obra, mas a ponte subsiste com os seus danos, à espera que os anos mais vagarosos para as obras dos homens, que para os mesmos homens, consuma esse produto da engenharia hidráulica.(...)

Não sei por que razão, uma vez começado o aterro do porto, em frente à Glória, não iríamos ao resto e não o aterraríamos inteiramente. Nada de abanar a cabeça; leiam primeiro. Não está provado que os portos sejam indispensáveis às cidades. Ao contrário, há e teria havido grandes, fortes e prósperas cidades sem portos. O porto é um acidente. Por outro lado, as populações crescem, a nossa vai crescendo, e ou havemos de aumentar as casas para cima, ou alargá-las. Já não há espaço cá dentro. Os subúrbios não estão inteiramente povoados, mas são subúrbios. A cidade, propriamente dita, é cá em baixo.

Se tendes imaginação, fechai os olhos e contemplai toda essa imensa baía aterrada e edificada. A questão do corte do Passeio Público ficava resolvida; cerceava-se-lhe o preciso para alargar a rua, ou eliminava-se todo, e ainda ficava espaço para um passeio público enorme. Que metrópole! que monumentos! que avenidas! Grandes obras, uma estrada de ferro aérea entre a Lage e Mauá, outra que fosse da atual praça do Mercado a Niterói, iluminação elétrica, aquedutos romanos, um teatro lírico onde está a ilha Fiscal, outro nas imediações da igrejinha de S. Cristóvão, dez ou quinze circos para aperfeiçoamento da raça cavalar, estátuas, chafarizes, piscinas naturais, algumas ruas de água para gôndolas venezianas, um sonho."

"A Semana", 28 de agosto de 1894

"Há anos chegou aqui um viajante, que se relacionou comigo. Uma noite falamos da cidade e sua história; ele mostrou desejo de conhecer alguma velha construção. Citei-lhe várias; entre elas a igreja do Castelo e seus altares. Ajustamos que no dia seguinte iria buscá-lo para subir o morro do Castelo. Era uma bela manhã, não sei se de inverno ou primavera. Subimos; eu, para dispor-lhe o espírito, ia-lhe pintando o tempo em que por aquela mesma ladeira passavam os padres jesuítas, a cidade pequena, os costumes toscos, a devoção grande e sincera. Chegamos ao alto, a igreja estava aberta e entramos. Sei que não são ruínas de Atenas; mas cada um mostra o que possui. O viajante entrou, deu uma volta, saiu e foi postar-se junto à muralha, fitando o mar, o céu e as montanhas, e, ao cabo de cinco minutos: 'Que natureza vocês têm!'

Certo, a nossa baía é esplêndida; e no dia em que a ponte que se vê em frente à Glória for acabada e tirar um grande lanço ao mar para aluguéis, ficará divina. Assim mesmo, interrompida, como está, a ponte dá-lhe graça. Mas, naquele tempo, nem esse vestígio do homem existia no mar: era tudo natureza. A admiração do nosso hóspede excluía qualquer ideia da ação humana. Não me perguntou pela fundação das fortalezas, nem pelos nomes dos navios que estavam ancorados. Foi só a natureza."

"A Semana", 20 de agosto de 1893

Mirante do Corcovado, c. 1890.

Panorama do Rio de Janeiro visto do Morro do Castelo, c. 1890.

"Mas aquilo é uma curiosidade velha, uma notícia morta. Venhamos a coisa novíssima, posto que velhíssima; ou antes velhíssima, posto que novíssima.

Já daqui percebe o leitor que aludo às galerias que se encontraram no Morro do Castelo.

Há pessoas para quem não é certo que haja uma África, que Napoleão tenha existido, que Maomé II esteja morto, pessoas incrédulas, mas absolutamente convencidas de que há no Morro do Castelo um tesouro dos contos arábicos.

Crê-se geralmente que os jesuítas, deixando o Rio de Janeiro, ali enterraram riquezas incalculáveis. Eu desde criança ouvia contar isso, e cresci com essa convicção. Os meus vizinhos, os vizinhos do leitor, os respectivos compadres, seus parentes e aderentes, toda a cidade em suma crê que há no Morro do Castelo as maiores pérolas de Golconda.[18]

---

[18] Cidade em ruínas na região central da Índia, muito conhecida por seus tesouros.

O certo é que um destes dias acordamos com a notícia de que, cavando-se o Morro do Castelo, descobriram-se galerias que iam ter ao mar.

A tradição começou a tornar-se verossímil. Fiquei logo de olho aberto sobre os jornais. Disse comigo: Vamos ter agora, dia por dia, uma descrição da descoberta, largura da galeria encontrada, matéria da construção, direção, altura e outras curiosidades. Por certo o povo acudirá ao lugar da descoberta.

Não vi nada.

Nisto ouço uma discussão. A quem pertencerão as riquezas que se encontrarem? Ao Estado? Aos concessionários da demolição? *That is the question*. As opiniões dividem-se; uns querem que pertençam aos concessionários, outros que ao Estado, e aduzem-se muito boas razões de um lado e do outro. Coagido a dar a minha opinião, fá-lo-ei com a brevidade e clareza que me caracterizam.

E digo: Os objetos que se acharem pertencem, em primeiro lugar, à arqueologia, pessoa que também é gente, e não deve ser assim tratada por cima do ombro. Mas a arqueologia tem mãos? tem casa? tem armários onde guarde os objetos? Não; por isso transmite o seu direito a outra pessoa, que é a segunda a quem pertencem os objetos: o Museu Nacional.

Ao Museu iriam eles ter se fossem de simples estanho. Por que não irão se forem de ouro? O ouro é para nós uma grande coisa; compram-se melões com ele. Mas para a arqueologia todo o metal tem igual valor. Eram de prata os objetos encontrados quando se demoliu a Praça do Comércio, e entretanto devo crer que estão no Museu, porque pertencem à arqueologia, a arqueologia, que é uma velha rabugenta e avara.

Pode ser que eu esteja em engano; mas é provável que sejam os outros."

"História de 15 dias", 1º de janeiro de 1877

Praia de Santa Luzia, c. 1890.

Vista do Rio de Janeiro, c. 1890.

Largo de São Francisco, c. 1890.

"Inauguraram-se os bondes de Santa Teresa – um sistema de alcatruzes ou de escada de Jacó, – uma imagem das coisas deste mundo.

Quando um bonde sobe, outro desce; não há tempo em caminho para uma pitada de rapé; quando muito, podem dois sujeitos fazer uma barretada.[19]

O pior é se um dia, naquele subir e descer, descer e subir, subirem uns para o céu e outros descerem ao purgatório, ou quando menos ao necrotério.

Escusado é dizer que as diligências viram esta inauguração com um olhar extremamente melancólico. Alguns burros, afeitos à subida e descida do outeiro, estavam ontem lastimando este novo passo do progresso. Um deles, filósofo, humanitário e ambicioso, murmurava:

– Dizem: *les dieux s'en vont*.[20] Que ironia! Não; não são os deuses, somos nós. *Les ânes s'en vont*, meus colegas, *les ânes s'en vont*.[21]

E esse interessante quadrúpede olhava para o bonde com um olhar cheio de saudade e humilhação. Talvez rememorava a queda lenta do burro, expelido de toda a parte pelo vapor, como o vapor o há de ser pelo balão, e o balão pela eletricidade, a eletricidade por uma força nova, que levará de vez este grande trem do mundo até à estação terminal.

O que assim não seja... por ora.

Mas inauguraram-se os bondes. Agora é que Santa Teresa vai ficar à moda. O que havia pior, enfadonho a mais não ser, eram as viagens de diligência, nome irônico de todos os veículos desse gênero. A diligência é um meio-termo entre a tartaruga e o boi.

Uma das vantagens dos bondes de Santa Teresa sobre os seus congêneres

---

[19] Cumprimento que consiste tirar da cabeça o barrete ou o chapéu.
[20] A expressão, em francês, quer dizer "os deuses vão-se embora".
[21] "Os asnos vão-se embora, também francês..

da cidade é a impossibilidade da pescaria. A pescaria é a chaga dos outros bondes. Assim, entre o Largo do Machado e a Glória, a pescaria é uma verdadeira amolação; cada bonde desce a passo lento, a olhar para um e outro lado, a catar um passageiro ao longe. Às vezes o passageiro aponta na Praia do Flamengo, o bonde, polido e generoso, suspende passo, cochila, toma uma pitada, dá dois dedos de conversa, apanha o passageiro, e segue o fadário até a seguinte esquina onde repete a mesma lengalenga.

Nada disso em Santa Teresa: ali o bonde é um verdadeiro leva-e-traz; não se detém a brincar no caminho, como um estudante vadio.

E se depois do que fica dito, não houver uma alma caridosa que diga que eu tenho em Santa Teresa uma casa para alugar – palavra de honra! o mundo está virado."

"História de 15 dias", 15 de março de 1877

Rio de Janeiro visto de Santa Teresa, em primeiro plano, c. 1890.

Avenida Central após a reforma urbana promovida por Pereira Passos, c. 1908.

O bonde e a modernização

O Rio de Janeiro passou por grandes modificações urbanas na segunda metade do século XIX. O escritor, atento, não só viveu intensamente essas transformações como registrou muitas delas em sua obra. As antigas cadeirinhas do início do século, carregadas por escravos, e também as seges, cabriolés, coches e cupês, que transportavam os membros das famílias abastadas à força de mulas e cavalos, haviam desaparecido do cenário urbano. Eram coisas do passado, mas que se encontravam registradas nos contos e romances de Machado ambientados no início do século.

Os bondes tornavam-se os principais signos da modernização da cidade. O aparecimento desse meio de transporte coletivo indicava uma certa democratização do acesso ao transporte. A princípio puxados por burros, por um breve período os bondes foram impulsionados a vapor. Isso até darem lugar aos bondes elétricos, que mudaram a fisionomia e imprimiram novo ritmo à vida da cidade. Numa crônica de 1893, Machado fala das vantagens e facilidades introduzidas pelo veículo moderno:

"A moça que vem hoje à Rua do Ouvidor, sempre que lhe parece, à hora que quer, com a mamãe, com a prima, com a amiga, porque tem o bonde à porta e à mão, não sabe o que era morar fora da cidade ou longe do centro. Tínhamos diligências e ônibus; mas eram poucos, com poucos lugares, creio que oito ou dez, e poucas viagens. Um dos lugares era eliminado para o público. Ia nele o recebedor, um homem encarregado de receber o preço das passagens e abrir a portinhola para dar entrada ou saída aos passageiros. Um cordel, vindo pelo tejadilho, punha em comunicação o cocheiro e o *recebedor*; este puxava, aquele parava ou andava. Mais tarde, o cocheiro acumulou os dois ofícios. Os veículos eram fechados, como os primeiros bondes, antes que toda a gente preferisse os dos fumantes, e inteiramente os desterrasse."

("A Semana", 6 de agosto de 1893.)

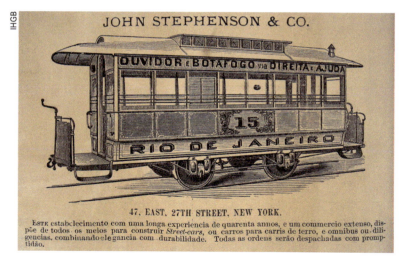

Publicidade em *O Novo Mundo*, 1872.

Modernos por excelência, os bondes elétricos e o seu suave deslizar sobre trilhos contrastavam com a brutalidade de antigos hábitos e instituições ainda vigentes no Rio de Janeiro. Em muitas crônicas, o bonde aparece como signo de modernidade e também como metáfora das contradições da modernização à brasileira. Numa crônica de 1883, Machado faz o contraste irônico entre o meio de transporte "essencialmente democrático" e a falta de espírito democrático dos usuários, a quem é preciso ensinar as regras mais básicas de boas maneiras e convívio civilizado.

Numa outra crônica, mostra que o advento da tração elétrica não eliminava a exploração e o uso da força contra "os burros". Não é difícil associar os burros aos escravos e à superexploração do trabalho e dos trabalhadores. Embora a escravidão estivesse legalmente abolida em 1892, quando a crônica foi escrita e os bondes elétricos começam a circular pela cidade, seus efeitos e consequências nefastos ainda estavam presentes por toda parte.

"Não tendo assistido à inauguração dos bondes elétricos, deixei de falar neles. Nem sequer entrei em algum, mais tarde, para receber as impressões da nova tração e contá-las. Daí o meu silêncio da outra semana. Anteontem, porém, indo pela praia da Lapa, em um bonde comum, encontrei um dos elétricos, que descia. Era o primeiro que estes meus olhos viam andar.

Para não mentir, direi que o que me impressionou, antes da eletricidade, foi o gesto do cocheiro. Os olhos do homem passavam por cima da gente que ia no meu bonde, com um grande ar de superioridade. Posto não fosse feio, não eram as prendas físicas que lhe davam aquele aspecto. Sentia-se nele a convicção de que inventara, não só o bonde elétrico, mas a própria eletricidade. Não é meu ofício censurar essas meias glórias, ou glórias de empréstimo, como lhe queiram chamar espíritos vadios. As glórias de empréstimo, se não valem tanto como as de plena propriedade, merecem sempre algumas mostras de simpatia. Para que arrancar um homem a essa agradável sensação? Que tenho para lhe dar em troca?

Em seguida, admirei a marcha serena do bonde, deslizando como os barcos dos poetas, ao sopro da brisa invisível e amiga. Mas, como íamos em sentido contrário, não tardou que nos perdêssemos de vista, dobrando ele para o Largo da Lapa e Rua do Passeio, e entrando eu na Rua do Catete. Nem por isso o perdi de memória. A gente do meu bonde ia subindo aqui e ali, outra gente entrava adiante e eu pensava no bonde elétrico. Assim fomos seguindo; até

Bonde a burro, Rio de Janeiro, c. 1900.

que, perto do fim da linha e já noite, éramos só três pessoas, o condutor, o cocheiro e eu. Os dois cochilavam, eu pensava.

De repente ouvi vozes estranhas; pareceu-me que eram os burros que conversavam, inclinei-me (ia no banco da frente); eram eles mesmos. Como eu conheço um pouco a língua dos *Houyhnhnms*,[22] pelo que dela conta o famoso Gulliver, não me foi difícil apanhar o diálogo. Bem sei que cavalo não é burro; mas reconheci que a língua era a mesma. O burro fala menos, decerto; é talvez o trapista[23] daquela grande divisão animal, mas fala. Fiquei inclinado e escutei:

— Tens e não tens razão, respondia o da direita ao da esquerda.

O da esquerda:

— Desde que a tração elétrica se estenda a todos os bondes, estamos livres, parece claro.

— Claro, parece; mas entre parecer e ser, a diferença é grande. Tu não conheces a história da nossa espécie, colega; ignoras a vida dos burros desde o começo do mundo. Tu nem refletes que, tendo o salvador dos homens nascido entre nós, honrando a nossa humildade com a sua, nem no dia de Natal escapamos da pancadaria cristã. Quem nos poupa no dia, vinga-se no dia seguinte.

— Que tem isso com a liberdade?

Bonde elétrico, Rio de Janeiro, c. 1907.

[22] Referência aos cavalos sábios das *Viagens de Gulliver*, do escritor inglês Jonathan Swift.
[23] Pertencente ou referente à ordem monástica da Trapa; os monges dessa ordem vivem em grande austeridade e silêncio, dedicados à contemplação de Deus.

— Vejo, redarguiu melancolicamente o burro da direita, vejo que há muito de homem nessa cabeça.

— Como assim? bradou o burro da esquerda estacando o passo.

O cocheiro, entre dois cochilos, juntou as rédeas e golpeou a parelha.

— Sentiste o golpe? perguntou o animal da direita. Fica sabendo que, quando os bondes entraram nesta cidade, vieram com a regra de se não empregar chicote. Espanto universal dos cocheiros: onde é que se viu burro andar sem chicote? Todos os burros desse tempo entoaram cânticos de alegria e abençoaram a ideia dos trilhos, sobre os quais os carros deslizariam naturalmente. Não conheciam o homem.

— Sim, o homem imaginou um chicote, juntando as duas pontas das rédeas. Sei também que, em certos casos, usa um galho de árvore, ou uma vara de marmeleiro.

— Justamente. Aqui acho razão ao homem. Burro magro não tem força; mas levando pancada, puxa. Sabes o que a diretoria mandou dizer ao antigo gerente Shannon? Mandou isto: 'Engorde os burros, dê-lhes de comer, muito capim, muito feno, traga-os fartos, para que eles se afeiçoem ao serviço; oportunamente mudaremos de política, *all right!*'

— Disso não me queixo eu. Sou de poucos comeres; e quando menos trabalho, é quando estou repleto. Mas que tem capim com a nossa liberdade, depois do bonde elétrico?

— O bonde elétrico apenas nos fará mudar de senhor.

— De que modo?

— Nós somos bens da companhia. Quando tudo andar por arames, não somos já precisos, vendem-nos. Passamos naturalmente às carroças.

— Pela burra de Balaão![24] exclamou o burro da esquerda. Nenhuma aposenta-

---

[24] Referência à figura bíblica de uma jumenta falante, que, diante da visão do anjo do Senhor, desviou o caminho e recusou-se a avançar, o patrão, que não viu o anjo, sem entender os motivos da jumenta, puniu-a com três golpes.

doria? nenhum prêmio? nenhum sinal de gratificação? Oh! mas onde está a justiça deste mundo?

— Passaremos às carroças — continuou o outro pacificamente — onde a nossa vida será um pouco melhor; não que nos falte pancada, mas o dono de um só burro sabe mais o que ele lhe custou. Um dia, a velhice, a lazeira, qualquer coisa que nos torne incapaz, restituir-nos-á a liberdade...

— Enfim!

— Ficaremos soltos, na rua, por pouco tempo, arrancando alguma erva que aí deixem crescer para recreio da vista. Mas que valem duas dentadas de erva, que nem sempre é viçosa? Enfraqueceremos; a idade ou a lazeira ir-nos-á matando, até que, para usar esta metáfora humana, — esticaremos a canela. Então teremos a liberdade de apodrecer. Ao fim de três dias, a vizinhança começa a notar que o burro cheira mal; conversação e queixumes. No quarto dia, um vi-

Vista da Praça XV de Novembro, Rio de Janeiro, no início do século XX.

zinho, mais atrevido, corre aos jornais, conta o fato e pede uma reclamação. No quinto dia sai a reclamação impressa. No sexto dia, aparece um agente, verifica a exatidão da notícia; no sétimo, chega uma carroça, puxada por outro burro, e leva o cadáver.

Seguiu-se uma pausa.

— Tu és lúgubre, disse o burro da esquerda. Não conheces a língua da esperança.

— Pode ser, meu colega; mas a esperança é própria das espécies fracas, como o homem e o gafanhoto; o burro distingue-se pela fortaleza sem par. A nossa raça é essencialmente filosófica. Ao homem que anda sobre dois pés, e provavelmente à águia, que voa alto, cabe a ciência da astronomia. Nós nunca seremos astrônomos; mas a filosofia é nossa. Todas as tentativas humanas a este respeito são perfeitas quimeras. Cada século...

O freio cortou a frase ao burro, porque o cocheiro encurtou as rédeas, e travou o carro. Tínhamos chegado ao ponto terminal. Desci e fui mirar os dois interlocutores. Não podia crer que fossem eles mesmos. Entretanto, o cocheiro e o condutor cuidaram de desatrelar a parelha para levá-la ao outro lado do carro; aproveitei a ocasião e murmurei baixinho, entre os dois burros:

— *Houyhnhnms!*

Foi um choque elétrico. Ambos deram um estremeção, levantaram as patas e perguntaram-me cheios de entusiasmo:

— Que homem és tu, que sabes a nossa língua?

Mas o cocheiro, dando-lhes de rijo uma lambada, bradou para mim, que lhe não espantasse os animais. Parece que a lambada devera ser em mim, se era eu que espantava os animais; mas como dizia o burro da esquerda, ainda agora: — Onde está a justiça deste mundo?"

"A Semana", 16 de outubro de 1892

"Ocorreu-me compor umas certas regras para uso dos que frequentam bondes. O desenvolvimento que tem sido entre nós esse meio de locomoção, essencialmente democrático, exige que ele não seja deixado ao puro capricho dos passageiros. Não posso dar aqui mais do que alguns extratos do meu trabalho; basta saber que tem nada menos de setenta artigos. Vão apenas dez.

ART. I — *Dos encatarroados*

Os encatarroados podem entrar nos bondes com a condição de não tossirem mais de três vezes dentro de uma hora, e no caso de pigarro, quatro.

Quando a tosse for tão teimosa, que não permita esta limitação, os encatarroados têm dois alvitres: — ou irem a pé, que é bom exercício, ou meterem-se na cama. Também podem ir tossir para o diabo que os carregue.

Os encatarroados que estiverem nas extremidades dos bancos devem escarrar para o lado da rua, em vez de o fazerem no próprio bonde, salvo caso de aposta, preceito religioso ou maçônico, vocação, etc., etc.

ART. II — *Da posição das pernas*

As pernas devem trazer-se de modo que não constranjam os passageiros do mesmo banco. Não se proíbem formalmente as pernas abertas, mas com a condição de pagar os outros lugares, e fazê-los ocupar por meninas pobres ou viúvas desvalidas, mediante uma pequena gratificação.

ART. III — *Da leitura dos jornais*

Cada vez que um passageiro abrir a folha que estiver lendo, terá o cuidado de não roçar as ventas dos vizinhos, nem levar-lhes os chapéus. Também não é bonito encostá-los no passageiro da frente.

ART. IV — *Dos quebra-queixos*

É permitido o uso dos quebra-queixos em duas circunstâncias: — a primeira quando não for ninguém no bonde, e a segunda ao descer.

ART. V — *Dos amoladores*

Toda a pessoa que sentir necessidade de contar os seus negócios íntimos, sem interesse para ninguém, deve primeiro indagar do passageiro escolhido para uma tal confidência, se ele é assaz cristão e resignado. No caso afirmativo, perguntar-se-lhe-á se prefere a narração ou uma descarga de pontapés. Sendo provável que ele prefira os pontapés, a pessoa deve imediatamente pespegá-los. No caso aliás extraordinário e quase absurdo, de que o passageiro prefira a narração, o proponente deve fazê-lo minuciosamente, carregando muito nas circunstâncias mais triviais, repetindo os ditos, pisando e repisando as coisas, de modo que o paciente jure aos seus deuses não cair em outra.

ART. VI — *Dos perdigotos*

Reserva-se o banco da frente para a emissão dos perdigotos, salvo nas ocasiões em que a chuva obriga a mudar a posição do banco. Também podem emitir-se na plataforma de trás, indo o passageiro ao pé do condutor, e a cara para a rua.

ART. VII — *Das conversas*

Quando duas pessoas, sentadas a distância, quiserem dizer alguma coisa em voz alta, terão cuidado de não gastar mais de quinze ou vinte palavras, e, em todo caso, sem alusões maliciosas, principalmente se houver senhoras.

ART. VIII — *Das pessoas com morrinha*

As pessoas que tiverem morrinha, podem participar dos bondes indiretamente: ficando na calçada, e vendo-os passar de um lado para outro. Será melhor que morem em rua por onde eles passem, porque então podem vê-los mesmo da janela.

ART. IX — *Da passagem às senhoras*

Quando alguma senhora entrar o passageiro da ponta deve levantar-se e dar passagem, não só porque é incômodo para ele ficar sentado, apertando as pernas, como porque é uma grande má-criação.

ART. X — *Do pagamento*

Quando o passageiro estiver ao pé de um conhecido, e, ao vir o condutor receber as passagens, notar que o conhecido procura o dinheiro com certa vagareza ou dificuldade, deve imediatamente pagar por ele: é evidente que, se ele quisesse pagar, teria tirado o dinheiro mais depressa."

"Balas de Estalo", 4 de julho de 1883

Machado de Assis, c. 1900.

Um ícone

"E agora que o velho Joaquim Maria saiu pela porta invisível, deixando como rastro um ponto de interrogação, Machado de Assis, o outro, o inumerável, o prismático, o genuíno Machado, feito do sopro das palavras gravadas no papel e da magia do espírito concentrado entre as páginas, começará realmente a viver."[25]

Este trecho, escrito por um dos melhores leitores de Machado de Assis, Augusto Meyer, trata da morte de Machado de Assis. Para Meyer, morto o homem de carne e osso, nasce definitivamente o autor, essa figura abstrata. Com a morte do homem, em 1908, surge uma outra figura ainda mais abstrata: o mito Machado de Assis.

Ao longo de todo o século XX, a imagem de Machado se cristalizou em torno de uma figura encasacada, de pincenê e barba grisalha, cabelos penteados e contidos, o senhor distinto e sisudo captado em alguns retratos do final da vida.

É essa a imagem que aparece fixada nos selos, moedas e cédulas que homenageiam Machado de Assis. São os tributos prestados ao escritor, transformado em mito nacional.

---

[25] MEYER, Augusto. "Os galos vão cantar." In: *Machado de Assis (1935-1938)*, Rio de Janeiro: Livraria São José, 1958, pp. 149-157.

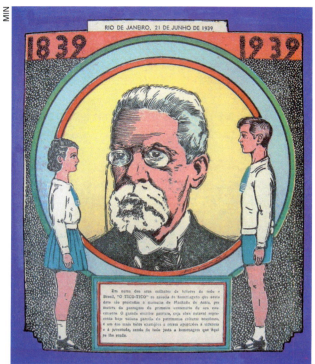

Capa da revista *O Tico Tico*, detalhe.

Ilustração de Armando Pacheco, 1939.

Selo e moeda lançados no centenário do escritor.

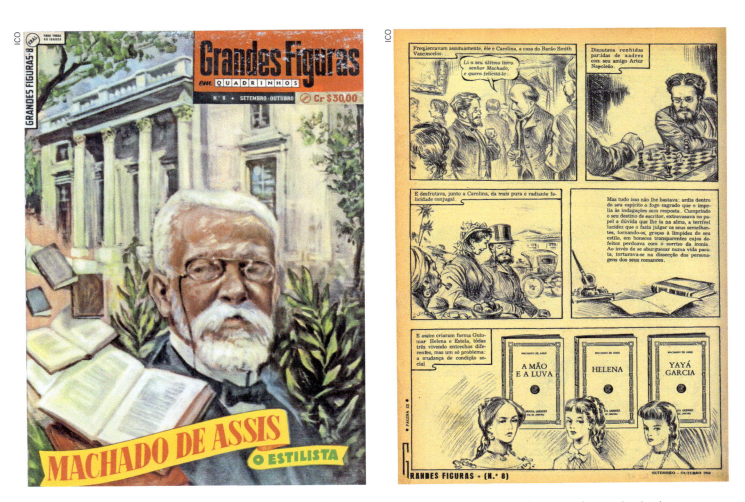

Revista em quadrinhos lançada pela Editora Brasil-América em 1958, cinquentenário da morte de Machado de Assis, com quadrinização de Nair da Rocha Miranda e desenhos de Nico Rosso.

Envelope de primeiro dia de circulação do selo, 1958.

Selo comemorativo dos 150 anos de nascimento, 1989.

Nota lançada em 1987.

Ao final da leitura deste livro, percorridos os trechos das crônicas e as imagens, convidamos você, leitor, a buscar outras obras de Machado de Assis.

Reconhecido o mito, o melhor é afastar-se dele e procurar o autor Machado de Assis. Aquele outro, inumerável, prismático, que ao mesmo tempo que nos encanta com sua escrita sempre deixa como rastro um ponto de interrogação.

Sobre os autores

Hélio de Seixas Guimarães é professor de Literatura Brasileira na USP. Mestre e doutor em Teoria e História Literária pela Unicamp, é autor de *Os leitores e Machado de Assis – o romance machadiano e o público de literatura no século 19* (Nankin/Edusp, 2004, prêmio Jabuti de Crítica/Teoria Literária em 2005) e *Figuras de linguagem – teoria e prática* (Atual, 1988). Tem artigos publicados em várias revistas acadêmicas, como *Estudos Avançados*, *Revista USP*, *Novos Estudos Cebrap*, *Portuguese Literary & Cultural Studies* e *Luso-Brazilian Review*. Atuou como editor-assistente e editor-adjunto da "Ilustrada", entre 1991 e 1995, e foi editor do "Caderno SP", do *Jornal da Tarde*, entre 1996 e 1997. Recentemente organizou um número especial da *Teresa – Revista de Literatura Brasileira* (USP, Editora 34, Imprensa Oficial) sobre Machado de Assis. Para a coleção "Cronistas e contistas do Brasil", da Editora Martins Fontes, preparou e escreveu apresentações para os volumes *Várias histórias* e *Histórias da meia-noite*, ambos de Machado de Assis, e *Lendas e romances*, de Bernardo Guimarães.

Vladimir Sacchetta é jornalista e consultor na área editorial. Foi chefe de pesquisa de Nosso Século, da Abril Cultural. Organizou *A contestação necessária: perfis intelectuais de inconformistas e revolucionários*, obra póstuma de Florestan Fernandes, prêmio Jabuti na categoria Ensaio em 1995. Escreveu, em coautoria, *Monteiro Lobato: Furacão na Botocúndia*, ganhador em 1998 dos prêmios Jabuti de Ensaio e Biografia, e Livro do Ano. Coordenou para a Aprazível Edições a pesquisa de *Brasil, rito e ritmo*; *Brasil, palco e paixão*; *Brasil, um século do futebol*; *Século XX: a mulher conquista o Brasil* e *Cristo Redentor*, e a pesquisa dos cadernos de imagens dos livros de Elio Gaspari sobre a ditadura militar, editados pela Companhia das Letras, onde cuida da iconografia da coleção Perfis brasileiros. Trabalhou na pesquisa do Museu da Língua Portuguesa e do Museu do Futebol. É sócio-fundador da Companhia da Memória, produtora de projetos culturais especializada no resgate da história brasileira e diretor de conteúdos do sítio eletrônico de Monteiro Lobato (www.lobato.com.br).